108 Citater om Kærlighed af Amma

108 Citater om Kærlighed af Amma

Udgivet af :
    Mata Amritanandamayi Center
    P.O. Box 613, San Ramon, CA 94583
    Forenede State

---------- 108 Quotes on Love (Danish) ----------

Copyright 2015 © Mata Amritanandamayi Mission Trust, Amritapuri, Kerala, 690546, India.

Alle rettigheder forbeholdes. Ingen del af denne udgivelse, bortset fra citater i begrænset omfang, må gengives i nogen form eller på nogen måde, hverken elektronisk eller mekanisk, herunder fotokopieres, uden udtrykkelig skriftlig tilladelse fra udgiveren.

Første udgave af Mata Amritanandamayi Center: April 2016

Danmark:
    www.amma-danmark.dk
    info@amma-danmark.dk

India:
    inform@amritapuri.org
    www.amritapuri.org

1

Kærlighed er vores sande essens. Kærlighed er ikke begrænset af kaste, religion, race, eller nationalitet. Vi er alle perler på den samme kæde af kærlighed. At vække denne forenethed og sprede den kærlighed, som er vores iboende natur, er menneskelivets sande mål.

2

"Er jeg virkelig forelsket, eller er jeg for tilknyttet?" Tænk over dette spørgsmål så dybt, som du formår. De fleste mennesker higer efter tilknytning, ikke efter sand kærlighed. På en måde forråder vi os selv. Vi forveksler tilknytning med kærlighed. Kærlighed er centrum og tilknytning er periferien. Gå efter centrum.

3

Skønheden ligger i hjertet. Kærlighed til alle giver ægte skønhed, som højner både giveren såvel som modtageren. Det bedårende ved vores øjne ligger ikke i eye-lineren, men i et blik fuld af medfølelse. Det smil, der lyser et ansigt op, som er fuld af kærlighed, er det smukkeste i hele verden.

4

De fleste af os tænker altid på tabene i livet. Vi glemmer den største gevinst, vi kan opnå— det er kærligheden. Lad dit sind åbne sig helt op, og du vil opleve kærligheden med al dens duft og skønhed.

5

Kærligheden er fundamentet for et lykkeligt liv, men bevidst eller ubevidst glemmer vi denne sandhed. Når vi ikke udtrykker kærlighed i vore ord eller handlinger, så er det som honning, der er fanget i en sten – den er ikke til nytte for nogen. Når familier er i stand til at vise kærlighed til hinanden, så vil fred og harmoni herske i hjemmet og i samfundet.

6

Når du ser på andre, som du ser på dig selv, så er der ingen individualitet. Medfølelse er det sprog, som den blinde kan se, og den døve kan høre. At give en hjælpende hånd til en svigtet sjæl, at give næring til den sultende, at give den triste og deprimerede et medfølende blik – dét er kærlighedens sprog.

7

Hvis vi lader hjerte og sjæl strømme ind i en handling forvandles den til en vældig inspirationskilde. Udkommet af en handling, som er udført med kærlighed, har en mærkbar tilstedeværelse af lys og liv. Tilstedeværelsen af kærlighed vil fylde menneskers sind med enorm tiltrækning.

8

Bag alle store og uforglemmelige begivenheder er hjertet. Kærlighed og en uselvisk holdning ligger til grund for alle virkelig store gerninger. Bag enhver god sag finder du nogen, som har givet afkald på alt og dedikeret sit liv til den.

9

Når vi indser at al kærlighed – er fra den ene og eneste Guddommelige kilde- hvad enten den er fra en ægtefælle, et barn, et dyr som opfostrer sin unge, eller fra en plante – så vil vores kærlighed begynde at udstråle lys og kølighed, ligesom måneskin. At dyrke denne forståelse vil bringe harmoni ind i vores liv.

10

Find din indre harmoni, denne vidunderlige sang om livet og kærligheden. Ræk ud og tjen dem, der lider. Lær at sætte andre før dig selv. Men forelsk dig ikke i dit eget ego under dække af at hælpe andre. Vær dit sinds og dit egos mester. Tag hensyn til enhver, de er alle en døråbning til dit eget Selv.

11

Arbejde kan være udmattende og sprede vores energi, hvorimod kærlighed aldrig er hverken trættende eller kedsommeligt. Kærlighed fylder vores hjerte med mere og mere energi. Den gør alt evigt nyt og friskt. Når vores eksistens er funderet i ren kærlighed, hvordan kan vi nogensinde kede os? Kedsomhed kommer kun ved fravær af kærlighed. Kærlighed fornyer livet hele tiden.

12

Hvis der er sand kærlighed, er der ikke brug for andet. Dette i sig selv leder til fuldkommen opslugthed. I takt med at vi udvikler kærlighed og har målet for øje, så vil vi automatisk tilgive og glemme. Vi bliver i stand til at tilegne os en selvopofrende holdning.

13

Jo mere dedikeret du er, desto mere åben bliver du. Jo mere åben du forbliver, desto mere kærlighed oplever du. Jo mere kærlighed du giver, desto mere nåde modtager du. Det er nåden, som vil bringe dig til målet.

14

Sand kærlighed indebærer konstant at opgive – opgive alt, som tilhører dig. Men, hvad ejer du egentlig? - kun egoet. Kærlighed fortærer i sine flammer alle forudfattede fordomme og domme— alle de ting, som stammer fra egoet.

15

Realisér at uendelig lyksalighed er i dit Selv. Når den kærlighed, der er i dig, kommer til udtryk i ydre handlinger, så vil du opleve sand lykke.

16

Når du er glad, så er dit hjerte åbent, og Guddommelig kærlighed kan strømme ind i dig. Når kærlighed er forankret i dig, så vil du udelukkende være glad. Det er en cyklus; glæden trækker kærlighed ind, og kærligheden tillader dig at være glad.

17

Hvis vi dykker dybt nok ind i os selv, så finder vi, at den samme tråd af universel kærlighed binder alle væsener sammen. Det er kærlighed, som forener alt.

18

En dråbe vand kan ikke kaldes en flod; en flod er dannet af mange dråber, som løber sammen. Det er foreningen af disse utallige dråber, som danner strømmen. Sammen er vi en kraft, en uovervindelig kraft. Når vi samarbejder hånd i hånd med kærlighed, så er det ikke bare et menneskes livskraft, men det kollektives livsenergi, som uhindret strømmer i harmoni. Ud af denne stadige strøm af forenethed, vil vi se fødslen af fred.

19

Hver gang du går igennem en vanskelig tid i livet, er det godt at minde dig selv om:" Jeg forventer ikke kærlighed fra andre, fordi jeg ikke er en, som behøver at være elsket af andre. Jeg er kærligheden selv. Jeg er en uudtømmelig kilde af kærlighed, som altid vil give kærlighed til enhver, som kommer til mig-og intet andet end kærlighed."

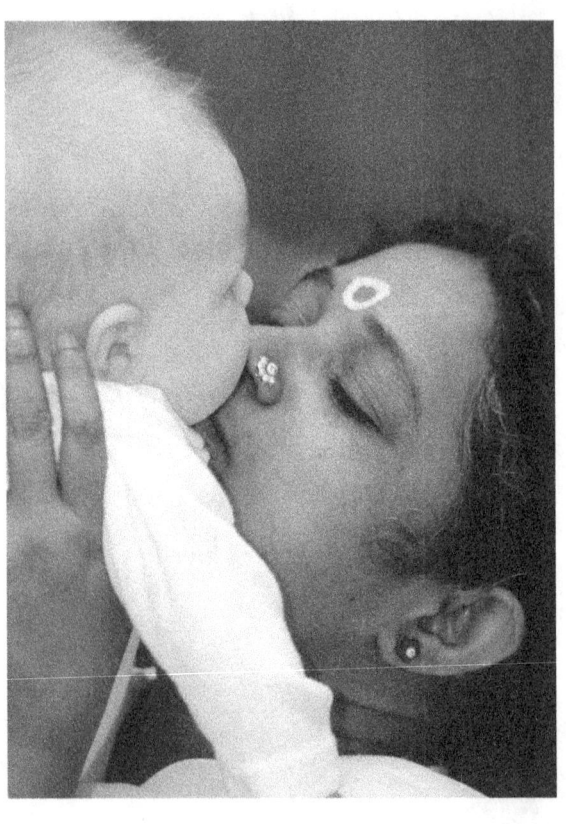

20

Sand kærlighed kan ikke afvises. Du kan kun modtage den med et åbent hjerte. Når et barn smiler, hvad enten det er et barn af en ven eller en fjende, så kan du ikke andet end at smile tilbage, fordi barnets kærlighed er så ren og uskyldig. Ren kærlighed er som en smuk blomst med en uimodståelig duft.

21

Den rene kærlighedskraft er uendelig. I sand kærlighed går man udover kroppen, sindet og al frygt. Kærlighed er sjælens åndedrag. Det er vores livskraft. Ren, uskyldig kærlighed muliggør alt. Når dit hjerte er fyldt med kærlighedens rene energi, så er selv den mest umulige opgave så nem som at plukke en blomst.

22

Jo mere kærlighed du giver, desto mere guddommelighed er udtrykt indeni dig. Ligesom vandet fra en evig kilde aldrig tørrer ud, uanset hvor meget vi tager fra den, så øges venligheden, jo mere vi giver ud af den.

23

Livet og kærligheden er ikke to; de er uadskillelige som ordet og dets betydning. Vi bliver født i kærlighed, lever dette liv i kærlighed og bliver til sidst forenet i kærlighed. Sandheden er: Kærligheden slutter aldrig. Kun igennem kærlighed kan livet komme frem og blomstre. Der kan ikke opstå nogen som helst slags manifestation uden denne kraft er bag, da kærlighed er vores iboende natur.

24

Kærlighed kan udrette alt. Der findes ikke det problem, som kærlighed ikke kan løse. Den kan helbrede sygdomme, hele sårede hjerter og forvandle sind. Med kærlighed kan man overkomme alle forhindringer. Kærlighed kan hjælpe med at befri os fra alle fysiske, mentale og intellektuelle spændinger, og således bringe fred og glæde. Kærlighed er den nektar, som tilføjer skønhed og charme til livet.

25

Kærlighed er en universel religion. Den er, hvad samfundet virkelig behøver. Den burde komme til udtryk i alle vore ord og handlinger. Kærlighed og spirituelle værdier, som modtages fra forældrene, er de stærkeste aktiver et barn har brug for til at håndtere voksenlivets mange prøvelser.

26

I et fuldkomment forhold mellem menneskeheden og naturen, skabes et cirkulært energifelt, hvor begge begynder at flyde ind i hinanden. Når vi mennesker bliver forelskede i naturen, så bliver hun forelsket i os. Hun vil ikke længere holde ting skjult for os. Idet hun åbner sit uendelige skatkammer for os, giver hun os lov til at nyde sine rigdomme. Som en moder vil hun beskytte, pleje og nære os.

27

Når vi elsker hinanden uden nogen forventninger, så behøver vi ikke at lede efter himmelen andre steder. Kærlighed er grundlaget for et lykkeligt liv. Ligesom vore kroppe har brug for ordentlig mad for at leve og vokse, således næres vore sjæle af kærlighed.

28

Vi kan ikke ændre andres karakter gennem vrede. Kun kærlighed kan forandre den. Forstå dette, og prøv at have sympati for og kærlighed til alle. Vær medfølende, også overfor dem der irriterer dig. Prøv at bede for dem. Sådan en indstilling vil hjælpe dit sind med at forblive fredfyldt og roligt. Når man forandrer sig til det bedre, så løsnes aktions - reaktionsmønstret, og hjertet åbner sig mere for positive kvaliteter, såsom tilgivelse, tolerance og harmoni.

29

Det er ved at dele uselvisk, at livets blomst bliver smuk og duftende. Når en blomst blomstrer, så spredes dens søde duft over alt. Ligeledes, når uselvisk kærlighed vågner indeni os, så strømmer den ud i verden som en flod.

30

Indeni i dig er der en kilde af kærlighed. Tap af denne ressource på den rette måde, og den Guddommelige kærlighedsenergi vil fylde dit hjerte, som vil udvide sig i det uendelige. Du kan ikke få det til at ske; du kan kun skabe den rette holdning i dig selv, og det vil ske helt naturligt.

31

Sand kærlighed findes i hjertet. Denne kærlighed kan ikke blive talt eller blot beskrives. Ord hører til intellektet. Gå hinsides ordene og sproget ind i hjertet. Når man virkelig elsker, bliver intellektet tomt. Man holder op med at tænke – ingen tanker, intet sind, intet. Kun kærligheden er tilbage.

32

Kærlighed og skønhed er indeni dig. Prøv at udtrykke dem igennem dine handlinger, og du vil helt sikkert komme i berøring med den sande lyksalighedens kilde.

33

Gør dit arbejde og udfør dine forpligtelser af hele dit hjerte. Prøv at arbejde uselvisk med kærlighed. Hvis du giver dig selv helt i alt det, du gør, så vil du føle og opleve skønhed og kærlighed i alle dine handlinger.

34

Spiritualitetens mål er at forvandle vores begrænsede kærlighed til Guddommelig kærlighed. Lad os derfor fokusere på det, vi kan give andre, og ikke hvad vi kan tage til os selv. Dette vil føre til store forandringer i vore liv.

35

Hvad enten det er åndelig kærlighed eller jordisk kærlighed, kærlighed er og bliver kærlighed. Forskellen findes kun i dybden og graden. Åndelig kærlighed er uden begrænsninger eller grænser, hvorimod jordisk kærlighed er overfladisk og begrænset. Bliv bevidstgjort om: "Jeg er det Højeste Selv; jeg er ubegrænset, og jeg har uendeligt potentiale i mig."

36

Når solen skinner ned i tusinde forskellige krukker fyldt med vand, så er spejlbillederne mangfoldige, men de reflekterer alle den samme sol. Ligeledes vil vi se os selv i alle mennesker, når vi finder ud af, hvem vi virkelig er. Når denne indsigt fødes, lærer vi at tage hensyn til andre og se bort fra deres svagheder. Ud af dette vil ren kærlighed gry i os.

37

Kærligheden fra det oplyste moderskab er en kærlighed og medfølelse ikke bare overfor ens egne børn, men overfor alle mennesker, dyr, planter, sten og floder – en kærlighed som omfatter al natur, alle væsener. Alle – kvinde eller mand – som har modet til at overvinde sindets begrænsninger, kan opnå denne tilstand af universelt moderskab.

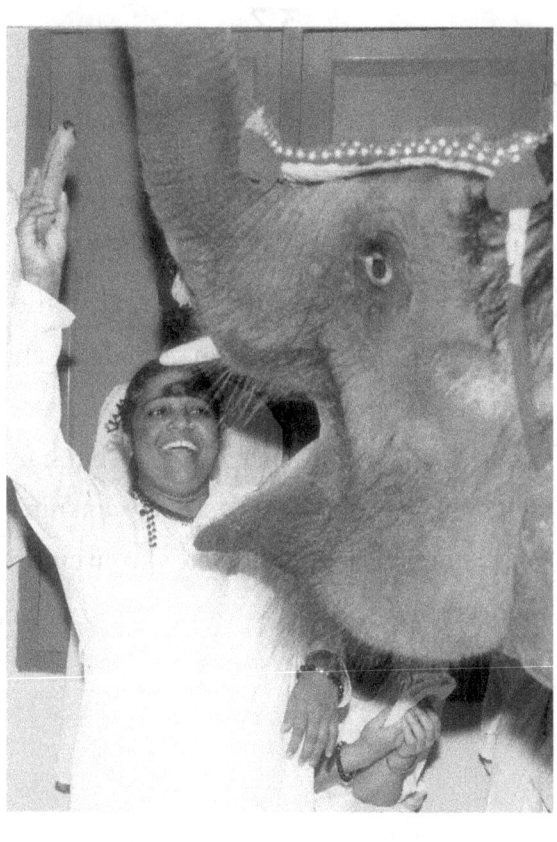

38

Kærlighed kan ikke indeholde to. Den rummer kun én. I kærlighedens vedvarende og hengivne ihukommelse, forsvinder og opløses "du" og "jeg". Kun kærligheden bliver tilbage. Hele universet er indeholdt i denne rene, ikke opdelte kærlighed. Kærligheden er uendelig; intet kan udelukkes fra den.

39

Vanskeligheden består ikke i at udtrykke kærlighed, men i at slippe egoet. Kærlighed er vores sande natur. Den er altid tilstedeværende i os, men vi holdes tilbage af vores individuelle begrænsninger. Vi må vokse ud over vores individualitet for at smelte sammen med den universelle kærlighed. Egoet står i vejen for kærligheden. Når først det er fjernet, strømmer vi som en flod.

40

Dit hjerte er dit sande tempel. Du må installere Gud i det. Gode tanker er de blomster, der skal ofres; gode handlinger er tilbedelse; gode ord er salmer. Kærlighed er det guddommelige offer.

41

Der er en umættelig sult i ren kærlighed. Man kan se og opleve denne intense sult selv i jordisk kærlighed, men i den åndelige kærlighed opnår intensiteten sit højdepunkt. Hos en sand søgende bliver kærligheden som en skovbrand, blot endnu mere fortærende. Hele vores væsen brænder i intensiteten af kærlighedens ild. I dette flammehav bliver vi selv fortæret, for så at smelte fuldstændig sammen med det Guddommelige.

42

Kærlighed er ikke noget, som man kan blive undervist i af nogen eller kan lære noget sted fra, men i nærværet af en perfekt Mester kan vi føle den og – med tiden - udvikle den. Dette sker, fordi en Satguru (en sand Guru) skaber de nødvendige omstændigheder for at få kærligheden til at vokse indeni os. De omstændigheder, Guruen skaber, vil være så smukke og uforglemmelige, at vi virkelig vil værdsætte disse kostbare og uvurderlige øjeblikke. De vil forblive som sødmefyldte minder for altid.

43

Hændelser, som Guruen har tilvejebragt, vil skabe en kæde af oplivende minder, som vil danne bølge efter bølge af kærlighed i os, indtil der til sidst kun er kærlighed. Gennem disse omstændigheder stjæler Guruen vores hjerte og sjæl, og fylder os med ren og uskyldig kærlighed.

44

Der findes "kærlighed" og Kærlighed. Du elsker din familie: din far, mor, søster, bror, mand og kone, osv.; men du elsker ikke din nabo. Du elsker din søn eller din datter, men du elsker ikke alle børn. Du elsker din religion, men du elsker ikke alle religioner. Ligeledes føler du kærlighed overfor dit fædreland, men du elsker ikke alle lande. Derfor er dette ikke Kærlighed; det er bare "kærlighed". Forvandlingen af denne "kærlighed" til Kærlighed, er spiritualitetens mål.

45

Kærligheden sker som en pludselig opstandelse i hjertet; som en uundgåelig, uhindret længsel efter forenethed. Ingen tænker over, hvordan man skal elske, eller hvor og hvornår man skal elske. Rationel tænkning hindrer kærlighed. Kærlighed er hinsides logik, så prøv ikke på at være rationel i forhold til kærlighed. Det er det samme som at give begrundelser for, at floden strømmer, at brisen er kølig og mild, at månen skinner, at himmelen er vidstrakt, at havet er stort og dybt, eller at blomsten er duftende og smuk. Rationaliseringer tager livet af skønheden og charmen ved disse ting. De er til for at nydes, opleves, elskes og blive følt. Hvis du rationaliserer dem, vil du forpasse den skønhed og charme af de følelser, som kærligheden vækker.

46

En moders ansvar kan ikke overvurderes. En moder har utrolig stor indflydelse på sine børn. Når vi ser glade, fredfyldte individer; børn begavet med noble kvaliteter og gode manerer; mennesker, som viser utrolig styrke, når de bliver konfronteret med fiasko eller ufordelagtige situationer; mennesker som har en stor grad af forståelse, sympati, kærlighed og medfølelse overfor de lidende; og de som giver af sig selv til andre, så finder vi som regel en storslået moder, som har inspireret dem til at blive det, de er.

47

Mødre er bedst i stand til at så kærlighedens — det universelle slægtskabs — og tålmodighedens frø i vores sind. Der er et specielt bånd imellem en mor og et barn. Moderens inderste kvaliteter bliver også overført til barnet med modermælken. Moderen forstår barnets hjerte; hun øser af sin kærlighed til barnet, lærer det livets positive lektioner og korrigerer barnets fejltagelser.

48

Må livets træ være fast forankret i kærlighedens muld. Må gode gerninger være bladene på dette træ. Må venlige ord være dets blomster, og må fred være dets frugter. Lad os vokse og udfolde os som en familie, forenet i kærlighed.

49

At finde sit sande Selv og elske alle mennesker ens er ét og det samme. Kun når du lærer at elske alle ens, vil sand frihed udfolde sig. Indtil da er du bundet; du er slave af egoet og sindet.

50

Ligesom kroppen har brug for føde for at overleve og vokse, således har sjælen brug for kærlighed. Kærlighed er i stand til at indgyde en styrke og vitalitet, som selv ikke modermælk kan yde. Vi lever og længes alle efter sand kærlighed. Vi fødes og dør, søgende efter en sådan kærlighed. Børn, elsk hverandre og foren jer i denne rene kærlighed.

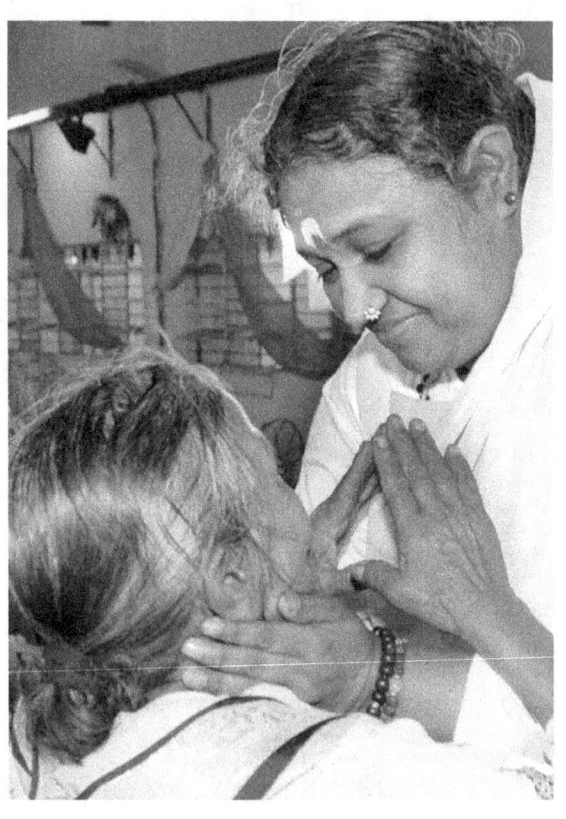

51

Ingen elsker en anden mere, end de elsker sig selv. Bag enhvers kærlighed gemmer sig en selvisk søgen efter egen lykke. Når vi ikke får den forventede lykke fra vores ven , så bliver denne ven til vores fjende. Dette er, hvad vi ser i verden. Kun Gud elsker os uselvisk. Det er kun ved at elske det Guddommelige, at vi kan lære at elske og tjene andre uselvisk.

52

Ren kærlighed er den bedste medicin for den moderne verden. Det er dette, som mangler i alle samfund. Den grundlæggende årsag til alle problemer, fra de personlige til de globale, er fraværet af kærlighed. Kærlighed er den bindende faktor, den forenende kraft i alt. Kærlighed skaber følelser af forenethed og fællesskab mennesker imellem, hvorimod had og egoisme skaber splittelse og skærer menneskenes sind i småstykker. Kærligheden bør regere. Der findes ikke det problem, som kærlighed ikke kan løse.

53

For at udvikle kærlighed, skal man være et egnet sted, for at kærligheden kan vokse. At leve i nærværet af en perfekt Mester er den bedste måde at udvikle kærlighed. Guruen hjælper dig ved at skabe de nødvendige omstændigheder, til at fylde dit hjerte med kærlighed. Disse omstændigheder er ikke bare ydre, men også indre. Guruen arbejder direkte med disciplens vasanas (latente tilbøjeligheder/ uvaner), som udgør de største forhindringer på vejen til kærlighed.

54

Sand vækst foregår i den enhed, som fødes af kærlighed. Den mælk, som strømmer ud af en moders bryst nærer babyen, forsyner dens krop med styrke og vitalitet, og sørger for at alle organer vokser sundt og i det rette forhold. Men det er ikke bare mælk, som strømmer ud af moderens bryst; det er moderens varme, kærlighed og hengivenhed i form af mælk. På den samme måde er kærlighed den "modermælk", som hjælper samfundet med at vokse som helhed. Kærligheden sørger for den nødvendige styrke og vitalitet, som muliggør samfundet at udvikle sig uden splittelse.

55

Mahatmaer er den bro, som forbinder os med Gud. De afviser intet. De er som en flod; den omfavner og accepterer alt, som den strømmer henover. Nydelse og smerte er som livets to flodbredder. Mahatmaer accepterer begge disse bredder med sindsro og fortsætter fremad. Samtidig er de hinsides tanker og emotioner. De er knyttet til alle og enhver og dog ikke bundet af noget. Et hjerte fuld af kærlighed og tillid vil have nemt ved at oprette en forbindelse til dem.

56

Styrken af urokkelig tillid og uskyldig kærlighed kan trænge ind i sfærer, hvor intellekt og logik ikke har adgang.

57

Du kan kun føle kærlighed ved at udtrykke den. Grunden til, at vi praktiserer spiritualitet, er for at lære, hvordan vi kan tilgive andre deres fejltagelser og elske dem i stedet for at afvise dem. Enhver kan afvise mennesker, men at acceptere alle er svært. Igennem kærlighed kan vi lede andre fra uret til ret, hvorimod hvis vi afviser dem på grund af deres fejltagelser, så fortsætter de måske med at begå dem.

58

Vi elsker andre, fordi de giver os glæde eller opfylder vore ønsker, adlyder, respekterer, eller har en høj mening om os. Ellers elsker vi dem ikke. Hvis nogen hader os, så tager hævnfølelser ofte kærlighedens plads. Dette foregår endda i forhold til dine nærmeste. Hvis de ikke adlyder dig eller viser dig respekt, så elsker du dem måske ikke. Hvor der er sand kærlighed, er der ingen selviskhed. Vi må blive i stand til at elske uden at forvente os noget af nogen.

59

Der er kærlighed, når der ikke længere findes modvilje eller fjendtlighed. Når enhver form for modvilje forsvinder fra sindet, så transformeres sindet til kærlighed. Det bliver som sukker: enhver kan komme og tage af det og nyde sødmen uden at skulle give noget til gengæld. Hvis du elsker og tjener menneskeheden, bliver du til næring for verden.

60

Børn, Guddommelig kærlighed er vores sande natur. Den stråler i hver og en af os. Når dit hjerte er fyldt af uskyldig kærlighed, er du fraværende; egoet er fraværende. I denne tilstand er kun kærlighed tilstede; individualiteten forsvinder, og du bliver ét med det Guddommelige.

61

Når et barn tilbyder noget, så kan det ikke afvises, for et barns kærlighed er uplettet og ren. Når du hviler i autentisk, uskyldig kærlighed, er der ingen dobbelttydige følelser som renhed og urenhed, godt og ondt og så videre. Der er kun kærlighed. Ren kærlighed kan ikke afvises.

62

Kærligheden strømmer bare. Hvem som helst, som er villig til at tage springet og dykke ind i den, bliver modtaget som den, de er. Der er ingen regler eller betingelser. Hvis du ikke er villig til at tage springet, hvad kan kærligheden så gøre? Strømmen bliver, hvor den er. Den siger aldrig:"Nej." Den siger hele tiden: "Ja, ja, ja."

63

Når du åbner op, så opdager du, at solen altid skinnede, og at vinden altid blæste, bærende den Guddommelige kærligheds sødmefyldte duft. Der er ingen betingelser; ingen tvang. Tillad blot døren til dit hjerte at åbne, og du vil se, at den aldrig har været låst. Denne dør har altid været åben, men i din uvidenhed troede du, at den var låst.

64

Sand kærlighed opstår først, når al tilknytning til individer, objekter og interesser falder bort. Så bliver kampen til en vidunderlig leg af uselvisk tjeneste, udvidet til hele den menneskelige race, af kærlighed og medfølelse. I denne kamp kæmper egoet ikke, men kærligheden kæmper for at fortære egoet og forvandle det til kærlighed. Frygtens skygge forsvinder kun i kærlighedens lys.

65

I denne intellektets og fornuftens tidsalder, videnskabens tidsalder, har vi glemt hjertets følelser. Et almindeligt udtryk alle steder i verden er: "Jeg er forelsket". (eng.: "fallen in love") Ja, vi er faldet ned i en kærlighed, som er forankret i selviskhed og materialisme. Vi er ude af stand til at rejse os og vågne til kærlighed. Hvis vi absolut skal falde, så lad det være fra hovedet ned til hjertet. At rejse sig til kærligheden – det er spiritualitet.

66

Når vi elsker noget, så flyder en uophørlig og ubrudt tankestrøm henimod dette objekt. Vores tanker handler kun om det. Derfor har vi brug for koncentration for virkelig at kunne elske og for virkelig at kunne koncentrere os, har vi brug for at elske dette objekt, hvad det end måtte være. Det ene kan ikke eksistere foruden det andet. En videnskabsmand, som laver eksperimenter i sit laboratorium, har brug for meget koncentration. Hvor kommer denne koncentration fra? Fra hans dybe og intense interesse i emnet. Hvor kommer denne dybe interesse fra? Det er resultatet af den intense kærlighed, han har for sit særlige emne eller forskningsområde. Og omvendt, hvis man intenst koncentrerer sig om et emne, vil kærligheden til det også udvikle sig.

67

Vi bør prøve at se tingenes natur, som de er. Altings natur, hvad enten det drejer sig om en ting eller en person, kan ikke være anderledes end den måde, den er på. Når dette er forstået, kan vi virkelig svare i stedet for at reagere. Med vores vrede kan vi ikke ændre andres natur. Kun kærlighed kan forandre dem. Forstå dette og bed med sympati og kærlighed for deres lykke. Forsøg at være medfølende endda overfor dem, der irriterer dig. Sådan en indstilling vil hjælpe dit sind til at være roligt og fredfyldt. Dette er en ægte respons .

68

Det, som er urent, bør renses. Alle urenheder bør smelte og forsvinde i den hede, som opstår af adskillelsens smerte og længselen efter Guddommelig kærlighed. Denne lidelse er kendt som tapas. Gopierne blev totalt identificeret med Krishna igennem denne smerte. Deres kvaler var så ulidelige og intense, at deres individualitet helt forsvandt, og de smeltede sammen med deres elskede Krishna. Urenhed skyldes følelser af "mig" og "mine", som er egoets. Egoet kan ikke udryddes, medmindre det brænder i kærlighedens smeltedigel.

69

Virkelig kærlighed opleves, når der ikke er nogen betingelser. Hvor kærlighed er til stede, kan intet forceres; tvang bruges kun, når vi opfatter andre som forskellige fra os selv. Betinget kærlighed kan ikke eksistere, når der kun er enhed. Selv tanken om tvang forsvinder i denne tilstand. Så er du bare. Den universelle livsenergi strømmer igennem dig, når du bliver en åben passage. Lad den Højeste Bevidsthed tage over, fjerne alt det, der står i vejen for dens strøm og tillad den altfavnende kærlighedsflod at følge sit løb.

70

I sand kærlighed er der ingen tilknytning. Man må transcendere alle smålige menneskelige følelser for at opnå den Højeste kærlighed. Med andre ord, så gryr kærligheden først, når der sker en frigørelse. Kærlighed indebærer en uhyre stor selvopofrelse. På visse punkter kan den forårsage stor smerte, men sand kærlighed kulminerer altid i evig lyksalighed.

71

I ren kærlighed er der ingen byrde. Intet kan være en byrde, når der er kærlighed uden begær. Sand kærlighed kan bære hele universet uden at mærke vægten af det. Medfølelse kan påtage sig hele verdens lidelser uden at føle den mindste smerte.

72

Gud er den eneste, som elsker os uden at forvente noget som helst til gengæld. Børn, selv om alle skabninger på hele jorden elskede os, så kan det ikke sammenlignes med en brøkdel af den kærlighed, som vi hvert sekund modtager fra Gud. Der er ingen anden kærlighed, som kan sammenlignes med Guds kærlighed.

73

I kærlighedens sidste stadie, bliver den elskende og den elskede ét. Hinsides dette er der endog en tilstand, hvor der ikke findes kærlighed, elskende eller elskede. Dette kærlighedens endelige stadie, er hinsides udtryk. Det er dér, hvor Mesteren endelig tager dig hen.

74

Den smukke melodi fra en fløjte kan hverken findes i fløjten eller i spillerens fingerspidser. Du kunne hævde, at den kommer fra komponistens hjerte, men hvis du åbnede hans hjerte for at se efter, så ville du heller ikke finde den dér. Hvad er så musikkens oprindelige kilde? Kilden er hinsides; den opstår af Paramatman (det Højeste Selv), men egoet kan ikke genkende denne kraft. Kun hvis du lærer at fungere ud fra hjertet, vil du virkelig kunne se og føle det Guddommeliges kraft i dit liv.

75

En blomst behøver ingen instruktioner i, hvordan den skal blomstre. Ingen musiklærer underviste nattergalen i at synge. Det er spontant. Der er ikke involveret nogen tvang; det opstår naturligt. Ligeledes åbner dit hjertes lukkede knop sig op i en stor Mesters nærvær. Du bliver så modtagelig og uskyldig som et barn. Mesteren belærer dig ikke i noget; du lærer det hele uden at blive undervist. Hans nærvær, hele hans liv er den største lære af alle. Der er ingen kontrol eller tvang involveret; alt sker naturligt og uden anstrengelser. Kun kærlighed kan skabe dette under.

76

En rishi (helgen) skaber aldrig splittelse i livet. Dette gør ham i sandhed i stand til at elske, for han er dykket ned i sit eget Selvs mysterier, livets og kærlighedens egentlige kerne. Han oplever livet og kærligheden overalt. For ham findes der intet udover liv og kærlighed, som stråler i al sin pragt og herlighed. Derfor er han den "sande videnskabsmand." Han eksperimenterer i sit eget væsens indre laboratorium og befinder sig altid i en udelt tilstand af kærlighed.

77

Når der ikke findes noget begær, er der ingen sorger. Vi må være i stand til at elske alle uden at forvente noget til gengæld. Det er ikke nemt at elske alle, men i det mindste kan vi prøve på ikke at være vrede på andre mennesker, eller såre dem. Vi kan starte på dette niveau. Forestil dig, at ethvert menneske er sendt af Gud, så vil du være i stand til at være venlig og kærlig overfor alle.

78

En åndelig person bør blive som vinden. At føle livets enhed udvider vore sind og vore hjerter, og spreder kærlighed til hele skabelsen. Det første, der behøves sammen med erindringen om Gud, er at elske alt og alle, både det sansende og ikke sansende. Hvis vi har hjertets storhed, vil befrielsen ikke være langt væk.

79

Ren kærlighed går ud over kroppen. Det sker mellem hjerter; det har intet med kroppene at gøre. Når der er sand kærlighed, er der ingen barrierer og ingen begrænsninger. Selvom solen er langt borte, blomstrer lotusblomsten alligevel i dens stråleglans. Sand kærlighed kender ingen afstand.

80

Kærlighed er det eneste sprog, som alle levende væsener kan forstå. Det er universelt. Fred og kærlighed er det samme for alle. Ligesom honning er kærlighed altid sød. Vær som honningbien som samler kærlighedens nektar, hvorhen den end kommer. Find godheden i alle og alting.

81

Der er tre udtryk for kærlighed, som vækker os indefra: kærligheden til en selv, kærligheden til Gud og kærligheden til hele skabelsen. Kærlighed til en selv handler ikke om egoets selvcentrerede kærlighed. Det betyder at elske livet, at se både succeser og fiaskoer i vores menneskeliv som Guds velsignelser, og samtidig elske den Guddommelige kraft, som bor i os. Når dette vokser, bliver det til kærlighed til Gud. Når disse to komponenter er til stede, så manifesterer den tredje komponent, kærlighed til hele skabelsen, sig helt naturligt.

82

Kun hjertet kan vejlede et menneske, men hjertet er blevet glemt. I virkeligheden har kærlighed ikke nogen form. Kun når kærligheden uophørligt strømmer igennem et menneske, tager den en form, som vi er i stand til at opfatte; ellers formår vi det ikke. Når andres hjerte er fyldt med kærlighed og medfølelse, så åbner dit eget hjerte sig spontant, som en blomst i flor. Dit hjertes lukkede knop åbner sig i kærlighedens nærvær.

83

Kærlighed kan ikke forcere; Kærlighed er tilstedeværelsen af ren bevidsthed; denne tilstedeværelse kan ikke forcere. Den er bare til. Den rene kærlighedsenergi er indeni dig; den skal blot vækkes.

84

Ånden i jordisk kærlighed er ikke konstant. Dens rytme svinger; den kommer og går. Begyndelsen er altid vidunderlig og entusiastisk, men langsomt bliver den mindre skøn og mindre spændende, indtil den ender med at blive overfladisk. I de fleste tilfælde ender jordisk kærlighed med oprevethed, had og dyb sorg. Modsat dette, er åndelig kærlighed dyb som et bundløst hul; dens dybde og stadige udvidelse kan ikke måles.

85

Åndelig kærlighed er forskellig fra jordisk kærlighed. Begyndelsen er vidunderlig og fredfyldt. Kort efter denne fredfyldte begyndelse, kommer længslens kvaler. Igennem den midterste periode vil kvalerne vokse sig stærkere og stærkere, og mere og mere ubærlige. Ulidelig smerte følger, og denne smertefulde længsel varer ved, indtil lige inden foreningen med den elskede. Denne forening er ubeskrivelig smukkere end kærlighedens begyndelse. Kærlighed af denne slags tørrer aldrig ud eller formindskes. Åndelig kærlighed er altid i live, både indeni og i det ydre; den er konstant, og hvert øjeblik lever du i kærlighed.

86

Kærligheden opsluger dig. Den vil fortære dig fuldstændigt, indtil der ikke er noget "du," og der udelukkende er kærlighed. Hele dit væsen forvandles til kærlighed. Åndelig kærlighed kulminerer i forening, i enhed.

87

Gud dvæler dybt i vore hjerter som uskyld og ren kærlighed. Vi bør lære at elske enhver på samme måde og udtrykke denne kærlighed, for i vores essens er vi alle én, en Atman, én sjæl. Kærlighed er Guds ansigt.

88

Moderskabets essens er ikke begrænset til kvinder, som har født; det er et princip, som findes i både mænd og kvinder. Det er en sindsindstilling. Det er kærlighed – og denne kærlighed er livets sande åndedrag. Når vores fornemmelse for universelt moderskab er vækket, så vil kærlighed og medfølelse til alle være en lige så stor del af vores væsen, som at trække vejret.

89

Kærlighed opretholder alt. Når vi trænger dybt ind i alle aspekter og områder af livet, ser vi, at kærligheden skjuler sig bag alt. Vi opdager, at kærlighed er den kraft, energi og inspiration, som er bag ethvert ord og enhver handling.

90

Når du lærer at elske alle ligeligt, så viser ægte frihed sig. Uden kærlighed kan der ikke være nogen frihed, og uden frihed kan der ikke være kærlighed. Evig frihed kan kun ske, når al vores negativitet er rykket op ved rødderne. I denne tilstand af altomfavnende kærlighed kan frihedens og den Højeste lyksaligheds smukke, duftende blomst udfolde sine kronblade og blomstre.

91

Når kærligheden bliver mere subtil, øges dens kraft. Når den går dybere ind i hjertes dybder, vil du opleve, at du rejser dig i kærlighed. Endelig når du tilstanden af fuldkommen identifikation med den Elskede, hvor du realiserer, at du ikke er adskilt. Dér bliver du til ét. Det er den ultimative tilstand og højden af sand kærlighed. Det er derhen, kærlighed skal tage os.

92

Vi er alle legemliggørelsen af den Højeste Kærlighed. Kærlighed kan sammenlignes med en stige. De fleste mennesker forbliver på det nederste trin. Bliv ikke stående dér. Bliv ved med at klatre, et trin ad gangen. Stig op fra det nederste trin helt til det øverste, fra emotionernes plan til den højeste væren, den reneste form for kærlighed.

93

Sand kærlighed er den reneste form for energi. I den tilstand er kærlighed ikke en følelse; det er en vedvarende strøm af ægte bevidsthed og ubegrænset kraft. Sådan en kærlighed kan sammenlignes med vores åndedræt. Du siger aldrig: "Jeg vil kun trække vejret sammen med min familie og mine slægtninge, aldrig foran mine fjender eller dem, jeg hader." - Nej. Hvor du end befinder dig, hvad end du gør, vejrtrækningen sker bare. Sand kærlighed giver på samme måde til enhver uden at gøre nogen forskel, uden at forvente noget til gengæld. Bliv til en der giver, ikke en der tager.

94

Det er den omsorg og tålmodighed, vi viser i det små, som fører os til store resultater. Hvis du har tålmodighed, så har du også kærlighed. Tålmodighed fører til kærlighed. Hvis du med vold og magt åbner kronbladene af en blomst i knop, vil du ikke komme til at glæde dig over dens herlighed og duft. Kun når den blomstrer naturligt, udfolder den sin vidunderlighed og duft. På samme måde må du have tålmodighed for at kunne nyde skønheden i livet.

95

Øreringen, armringen, næseringen og halskæden – i deres essens er de alle bare guld; kun deres fremtoning er forskellig. Ligeledes er det en altgennemtrængende Guddommelighed, der optræder som denne forskelligartede verden af navne og former. Når vi virkelig forstår denne sandhed, vil det afspejles i alle vores tanker, ord og handlinger som kærlighed, medfølelse og uselviskhed.

96

At udvise hjælp uden at forvente noget til gengæld er sand tjeneste. Det er den kraft, der opretholder verden. At elske og tjene med hengivenhed kan sammenlignes med en cirkel, for en cirkel har ingen begyndelse og ingen ende. Kærlighed har heller ingen begyndelse eller ende. Ved uselvisk at tjene andre, kan vi konstruere en bro af kærlighed, som fører os alle sammen.

97

Intet arbejde er ubetydeligt eller meningsløst. Den mængde kærlighed og bevidsthed, som du lægger i dit arbejde, gør det meningsfyldt og smukt. Nåde strømmer ind i det arbejde, som gøres med ydmyghed. Ydmyghed giver det sødme.

98

Overgivelse kan ikke - ligesom Kærlighed - studeres eller læres i bøger, af et bestemt menneske eller på et universitet. Overgivelse kommer, når kærligheden vokser. Faktisk vokser de to samtidig . I sidste ende må vi overgive os til vores eget sande Selv, men overgivelse kræver stort mod. Vi har brug for at være modige, for at ofre vores ego. Dette kræver, at vi hilser alt velkomment og accepterer alt, uden følelser af sorg eller skuffelse.

99

Intellektet og hjertet skal samles til ét; så vil Guddommelig nåde strømme ind i os og skænke os tilfredshed i livet.

100

Vi har brug for kærlighed til Gud for at komme videre på den åndelige vej. Kærlighed til Gud er ikke bare kærlighed til en person, en afbildning, eller et idol. Dét er begyndelsen. Sand kærlighed til Gud er at elske ethvert element af skabelsen - at se det Guddommelige i alle og i alt.

101

Når du ser en smed arbejde, så varmer og smelter han en jernstang og slår så på den med hammeren for at skabe den form, han ønsker. Ligesom jernstangen skal smeltes, tillad også Guruen at smelte dit hjerte med kærlighed og forme det med kundskabens hammer.

102

Kun de, der har modtaget kærlighed, kan give kærlighed. De menneskers hjerter, som aldrig har været elsket, vil altid være lukkede. De vil ikke være i stand til at modtage kærlighed eller til at give kærlighed. Det er meget vigtigt, at forældre giver de unge kærlighed.

103

Den, der er i stand til at elske alle ligeligt, er den, der i sandhed elsker Amma.

104

Når vi forstår, hvor trivielle vores tilknytninger til verden er, og hvor ophøjet Guds kærlighed er, bliver vi i stand til at opgive alle vores tilknytninger. Det er ligesom blomsterne på et træ, som visner bort, så træet kan bære frugt. Når frugten begynder at gro, falder alle blomsterne automatisk ned.

105

Den kærlighed, du oplever, er proportionel med den kærlighed, du giver.

106

Børn, al den kærlighed, som verden tilbyder, fører i sidste ende til bedrøvelse. Der findes ikke uselvisk kærlighed i denne verden. Vi tror, at vi bliver lykkelige ved at blive elsket af andre, men lykke findes ikke i noget objekt. Den kommer indefra os selv. Sand lykke og uendelig fred kommer kun af Guddommelig kærlighed, og denne Guddommelige kærlighed kommer kun, når vi ser skabelsens helhed.

107

Egoet kan kun bryde sammen ved kærlighedens smerte. Ligesom en spire kun kan komme frem, når den ydre frøskal flækker, således udfolder Selvet sig, når egoet bryder sammen og forsvinder. Når en befordrende atmosfære er skabt, så begynder det potentielle træ inde i frøet at føle ubehaget ved at være indelukket i skallen. Det længes efter at komme ud i lyset og være frit. Det er det slumrende træs intense trang indeni, som knækker skallen. Der er smerte involveret i dette knæk, men den smerte er intet i forhold til det manifesterede træs herlighed. Når først spiren kommer frem, er skallen betydningsløs. Ligeledes mister egoet al betydning, når Selvrealisering opnås.

108

Uforurenet, uselvisk og ren kærlighed er broen til Gud.

www.ingramcontent.com/pod-product-compliance
Lightning Source LLC
Chambersburg PA
CBHW061954070426
42450CB00011BA/3027